¡Animales bebés en la naturaleza!

Cachorros de zorro en la naturaleza

por Katie Chanez

Ideas para padres y maestros

Bullfrog Books permite a los niños practicar la lectura de textos informativos desde el nivel principiante. Las repeticiones, palabras conocidas y descripciones en las imágenes ayudan a los lectores principiantes.

Antes de leer

- Hablen acerca de las fotografías. ¿Qué representan para ellos?

- Consulten juntos el glosario de las fotografías. Lean las palabras y hablen de ellas.

Durante la lectura

- Hojeen el libro y observen las fotografías. Deje que el niño haga preguntas. Muestre las descripciones en las imágenes.

- Léale el libro al niño o deje que él o ella lo lea independientemente.

Después de leer

- Anime al niño para que piense más. Pregúntele: Los cachorros de zorro aprenden de su mamá. ¿Qué les enseña su mamá a hacer?

Bullfrog Books are published by Jump!
5357 Penn Avenue South
Minneapolis, MN 55419
www.jumplibrary.com

Library of Congress Cataloging-in-Publication Data

Names: Chanez, Katie, author.
Title: Cachorros de zorro en la naturaleza / por Katie Chanez.
Other titles: Fox kits in the wild. Spanish
Description: Minneapolis, MN: Jump!, Inc., [2024]
Series: ¡Animales bebés en la naturaleza!
Includes index.
Audience: Ages 5–8
Identifiers: LCCN 2022061241 (print)
LCCN 2022061242 (ebook)
ISBN 9798885248532 (hardcover)
ISBN 9798885248549 (paperback)
ISBN 9798885248556 (ebook)
Subjects: LCSH: Foxes—Infancy—Juvenile literature.
Classification: LCC QL737.C22 C41318 2024 (print)
LCC QL737.C22 (ebook)
DDC 599.77513/92—dc23/eng/20230106

Editor: Eliza Leahy
Designer: Molly Ballanger
Translator: Annette Granat

Photo Credits: Richard Seeley/Shutterstock, cover; Eric Isselee/Shutterstock, 1, 3, 22, 24; blickwinkel/Alamy, 4, 23tm; Miroslav Hlavko/Shutterstock, 5, 23bm; Cyril Ruoso/Nature Picture Library/SuperStock, 6–7, 23tl; Geoffrey Kuchera/Shutterstock, 8–9, 23br; pchoui/iStock, 10; SERGEI BRIK/Shutterstock, 11; Carlos Carreno/Getty, 12–13; AngelaLouwe/Shutterstock, 14–15, 23bl; Menno Schaefer/Shutterstock, 16; David Kalosson/Shutterstock, 17; Freder/iStock, 18–19, 23tr; Albert Beukhof/Shutterstock, 20–21.

Printed in the United States of America at Corporate Graphics in North Mankato, Minnesota.

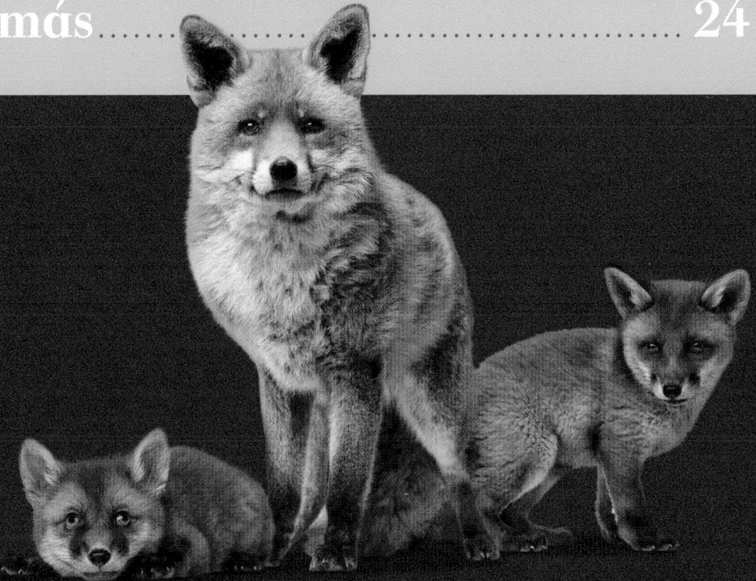

Las partes de una camada

Estos bebés acaban de nacer. ¡Son cachorros de zorro!

cachorro ·····▶

Ellos nacen en una madriguera.

Hay varios en una camada.

camada

El pelaje los mantiene calientes.

Este es gris o de color café.

Se les pone rojos cuando van creciendo.

pelaje

cola

Los cachorros de zorro
tienen una cola peluda.

Los cachorros beben la leche de mamá.

Mamá les trae carne
para comer.

Los cachorros crecen.
¡Ellos corren!

Se unen a un grupo.

Se le llama grupo familiar.

grupo
familiar

Ellos aprenden a cazar.

¿Cómo?

Ellos juegan.

Ellos también aprenden de mamá.
Ellos la siguen cuando ella caza.

Este cachorro caza solo.

Él atrapa un pájaro.

¡Mmm!

El cachorro crece.

Tiene sus propios cachorros.

Las partes de un cachorro de zorro

¿Cuáles son las partes de un cachorro de zorro?
¡Échales un vistazo!

oreja

pelaje

nariz

cola

garra

pata

Glosario de fotografías

cachorros
Zorros bebés.

camada
Cachorros de zorro que nacen de la misma madre al mismo tiempo.

cazar
Perseguir y matar animales para conseguir comida.

grupo familiar
Un grupo de zorros.

madriguera
El hogar de un animal salvaje.

peluda
Gruesa y esponjada.

Para aprender más

Aprender más es tan fácil como conta

❶ Visita www.factsurfer.com

❷ Escribe "cachorrosdezorro" en la ca
de búsqueda.

❸ Elige tu libro para ver una lista de si